SAINTE THÉRÈSE DE LISIEUX

La collection CHRISTIC rassemble des figures incontournables du christianisme à travers un choix de textes destinés à tous ceux qui souhaitent vivre intensément leur spiritualité.

Dans la même collection

Sainte Rita, à genoux, je vous implore, venez à mon secours, BoD, 2021.

Saint Joseph, généreux Père choisi par Dieu, viellez sur moi, BoD, 2021.

Prier saint Antoine, messager de paix, porte ma demande auprès de Dieu ! BoD, 2022.

Saint Benoît, protège-nous de tous les maux et des forces du mal, BoD, 2025.

Textes recueillis par
Adelaïde Joseph

SAINTE THÉRÈSE DE LISIEUX

APAISE MON CŒUR ET NOURRI MON ESPÉRANCE

Les prières, les neuvaines, les litanies les plus puissantes pour obtenir des grâces…

CHRIS✝IC

© 2025 Adelaïde Joseph - CHRISTIC
ISBN : 978-2-3225-7050-8

Édition : BoD · Books on Demand,
31 avenue Saint-Rémy, 57600 Forbach, bod@bod.fr
Impression : Libri Plureos GmbH, Friedensallee 273,
22763 Hamburg (Allemagne)

Dépôt légal : mars 2025

BIOGRAPHIE DE SAINTE THÉRÈSE DE LISIEUX

Enfance et famille

Sainte Thérèse de Lisieux, née Marie-Françoise-Thérèse Martin, voit le jour le 2 janvier 1873 à Alençon, en France. Elle est la plus jeune des neuf enfants de Louis Martin et Zélie Guérin, un couple profondément pieux qui sera canonisé ensemble en 2015. Quatre des enfants Martin meurent en bas âge, laissant Thérèse avec quatre sœurs aînées : Marie, Pauline, Léonie et Céline. Sa famille est marquée par une foi catholique fervente et un engagement envers la charité.

La petite Thérèse perd sa mère à l'âge de quatre ans et demi, en août 1877, des suites d'un cancer du sein. Cet événement tragique bouleverse profondément la jeune fille, qui se tourne vers sa sœur Pauline pour combler le vide laissé par sa mère. Peu après ce décès, la famille déménage à Lisieux pour se rapprocher de l'oncle maternel, Isidore Guérin. Thérèse grandit dans un environnement empreint de piété et d'amour familial, mais elle est également décrite comme une enfant sensible et volontaire.

Vocation religieuse et entrée au Carmel

Dès son plus jeune âge, Thérèse manifeste un profond désir de consacrer sa vie à Dieu. À l'âge de neuf ans, elle est dévastée lorsque Pauline entre au Carmel de Lisieux. Ce départ renforce son proprc désir de suivre cette voie. Malgré son jeune âge, elle persévère dans sa vocation. Lors d'une audience avec le pape Léon XIII en 1887, elle demande personnellement l'autorisation d'entrer au Carmel à seulement quinze ans. Après avoir surmonté divers obstacles, elle rejoint finalement le Carmel de Lisieux le 9 avril 1888.

Au Carmel, elle prend le nom religieux de Sœur Thérèse de l'Enfant-Jésus et de la Sainte-Face. Elle y mène une vie simple mais exigeante, marquée par la prière, le travail manuel et une quête constante de perfection spirituelle. Elle fait profession religieuse en septembre 1890 à l'âge de dix-sept ans.

Spiritualité et écrits

Thérèse développe une spiritualité unique connue sous le nom de « petite voie » ou « voie d'enfance spirituelle ». Cette approche consiste à rechercher la sainteté dans les actes simples du quotidien tout en s'appuyant sur la miséricorde divine avec une confiance totale et enfantine. Elle met l'amour au centre de sa vie chrétienne et enseigne que même les plus petites actions peuvent être sanctifiées si elles sont accomplies avec amour.

À la demande de ses supérieures, elle rédige ses mémoires dans Histoire d'une âme, un ouvrage autobiographique qui deviendra célèbre après sa mort. Dans ces écrits, elle partage son expérience spirituelle profonde et ses réflexions sur sa vocation missionnaire au sein même du cloître. Elle exprime également son désir d'« aimer Jésus et Le faire aimer », un objectif qu'elle poursuit jusqu'à la fin de sa vie.

Maladie, mort et canonisation

En avril 1896, Thérèse commence à souffrir des premiers symptômes de la tuberculose qui l'emportera. Malgré des souffrances physiques croissantes et une épreuve spirituelle intense marquée par un sentiment d'abandon divin, elle reste fidèle à sa foi et accepte ses épreuves comme une participation aux souffrances du Christ. Elle meurt le 30 septembre 1897 à seulement 24 ans.

Après sa mort, *Histoire d'une âme* connaît un immense succès international. Les miracles attribués à son intercession se multiplient rapidement. Thérèse est béatifiée en 1923 par le pape Pie XI puis canonisée en 1925, seulement 28 ans après sa mort.

En 1927, elle est proclamée patronne des missions aux côtés de Saint François-Xavier, bien qu'elle n'ait jamais quitté son Carmel.

En 1997, pour le centenaire de sa mort, le pape Jean-Paul II la déclare Docteur de l'Église en reconnaissance de sa contribution exceptionnelle à la spiritualité chrétienne. Aujourd'hui encore, Sainte Thérèse est vénérée dans le monde entier comme un modèle d'humilité et d'amour divin.

Héritage spirituel

La spiritualité de Sainte Thérèse continue d'inspirer des millions de croyants à travers le monde. Sa « petite voie » enseigne que chacun peut atteindre la sainteté par des gestes simples remplis d'amour. Son message universel transcende les frontières culturelles et religieuses, faisant d'elle une figure emblématique non seulement pour les catholiques mais aussi pour ceux qui recherchent une vie spirituelle authentique.

Sa basilique à Lisieux attire chaque année près d'un million de pèlerins venus honorer celle qui a promis : « Je passerai mon ciel à faire du bien sur la terre. » Les reliques de Sainte Thérèse ont voyagé dans plus de soixante pays, témoignant de l'impact mondial de cette humble carmélite.

Sainte Thérèse reste une source inépuisable d'inspiration pour ceux qui cherchent à vivre leur foi avec simplicité et amour profond. Sainte Thérèse est également un modèle d'abandon total à la volonté divine. En priant avec elle, on apprend à faire confiance en Dieu avec un cœur d'enfant, à aimer profondément et à trouver la paix intérieure même dans les moments difficiles.

Quels sont les miracles attribués à Sainte Thérèse

Plusieurs miracles sont attribués à l'intercession de Sainte Thérèse de Lisieux, notamment des guérisons médicalement inexpliquées qui ont joué un rôle clé dans sa béatification et sa canonisation.

La guérison de Reine Fauquet : Cette fillette de 4 ans, atteinte de cécité incurable, a retrouvé la vue après une visite sur la tombe de Thérèse. Elle a rapporté avoir vu la sainte près de son lit, entourée de lumière. Ce miracle a été déterminant pour l'ouverture du procès en béatification.

La guérison de Charles Anne : Ce séminariste souffrait d'une tuberculose pulmonaire avancée. Après deux neuvaines adressées à Thérèse, il a été guéri de façon soudaine et complète, avec des radiographies confirmant la régénération totale de ses poumons. Ce miracle a également contribué à sa béatification.

La guérison de Sœur Louise de Saint-Germain : Entre 1913 et 1916, cette religieuse souffrait d'ulcères gastriques graves. Après avoir prié Thérèse, elle a été instantanément guérie, sans explication médicale.

Comment les miracles de Sainte Thérèse de Lisieux ont-ils influencé sa popularité dans le monde entier

Les miracles attribués à Sainte Thérèse de Lisieux ont joué un rôle central dans l'expansion de sa popularité mondiale, transformant cette humble carmélite en une figure spirituelle universelle. Ces guérisons miraculeuses, souvent médicalement inexpliquées, ont non seulement renforcé la foi des croyants mais ont également attiré l'attention de l'Église et du grand public.

Impact des miracles

Les premiers miracles, tels que la guérison de Reine Fauquet, une fillette aveugle, et celle de Charles Anne, ont été décisifs pour sa béatification en 1923 et sa canonisation en 1925. Ces événements ont marqué le début d'une dévotion mondiale envers Thérèse. Le caractère spectaculaire et documenté de ces guérisons a suscité un intérêt massif et a renforcé la perception de Thérèse comme une intercesseuse puissante.

Une figure universelle d'espoir

Les miracles attribués à Thérèse ne se limitent pas aux guérisons physiques ; ils incluent également des transformations spirituelles profondes. Sa simplicité et son message d'amour universel ont touché des personnes de toutes cultures et confessions.

Pendant la Première Guerre mondiale, par exemple, elle était invoquée par les soldats et leurs familles pour obtenir protection et réconfort. Cette dimension transnationale a consolidé son statut de « sainte moderne », capable de répondre aux besoins spirituels dans des contextes variés.

Un héritage durable

Aujourd'hui, les reliques de Sainte Thérèse voyagent dans le monde entier, attirant des millions de fidèles qui témoignent encore de grâces reçues par son intercession. Ces miracles continus alimentent sa popularité et maintiennent vivante sa spiritualité basée sur la confiance totale en Dieu.

Pourquoi prier sainte Thérèse ?

C'est avec grande force que la petite Thérèse, la plus grande sainte des temps modernes selon le pape Pie X, intercède pour nous. Ses grâces sont si nombreuses qu'on les nomme « ouragan de gloire ». S'il est possible de prier sainte Thérèse pour n'importe quelle intention, les plus courantes sont la prière de guérison, l'accès à la petite voie thérésienne, l'obtention de vertus, telles l'humilité et la pureté d'âme.

Sainte Thérèse disait vouloir, après sa mort, faire pleuvoir une pluie de roses. N'hésitons pas à lui écrire une lettre de demande d'intercession et à confier cette missive à une communauté.

PRIÈRES

Prière pour demander une grâce

Ô glorieuse sainte Thérèse,
Élevée par Dieu Tout-Puissant pour aider et conseiller l'humanité,
J'implore votre miraculeuse intercession.
Vous êtes si puissante pour obtenir auprès de Dieu les faveurs et les grâces,
Que la sainte Mère l'Église vous a nommée la plus grande Sainte des temps modernes.

Avec ferveur, je vous supplie de répondre à ma demande (*exprimez ici votre demande*).
En plus de réaliser vos promesses de faire du bien sur la Terre,
Et de faire tomber depuis le Ciel une pluie de roses,
Je m'engage à faire connaître votre appel autour de moi.

Amen

Prière d'offrande du matin

Cette prière peut être utilisée pour renouveler chaque jour son engagement envers Dieu.

Mon Dieu, je Vous offre toutes les actions que je vais faire aujourd'hui, dans les intentions et pour la gloire du Cœur Sacré de Jésus.
Je veux sanctifier les battements de mon cœur, mes pensées et mes œuvres les plus simples, en les unissant à ses mérites infinis.

Ô mon Dieu !

Je Vous demande pour moi et pour ceux qui me sont chers la grâce d'accomplir parfaitement Votre sainte volonté,
D'accepter pour Votre amour les joies et les peines de cette vie passagère, afin que nous soyons un jour réunis dans les Cieux pendant toute l'éternité.

Ainsi soit-il !

Prière pour réaliser un vœu

Ô sainte Thérèse de l'Enfant-Jésus, toi qui es devenue une grande sainte par ton amour inconditionnel pour Dieu et ton dévouement aux petites choses de la vie,
Je viens à toi aujourd'hui avec un cœur rempli d'espoir et de foi.
Par ta puissante intercession, obtiens-moi cette grâce auprès de notre Seigneur (*exprimer ici votre vœu ou intention*).
Aide-moi à accepter avec confiance la réponse que Dieu voudra bien m'accorder.
Sainte Thérèse, guide mes pas dans les moments de doute et éclaire mon chemin.
Je te remercie d'avance pour la grâce que tu m'obtiendras.

Amen

Prière du soir
pour renouveler sa fidélité

Ô Jésus ! Que je serais heureux(se) si j'avais été bien fidèle aujourd'hui ! Mais hélas ! Souvent le soir je suis triste car je sens que j'aurais pu mieux répondre à vos grâces…

Cependant, ô mon Dieu ! Bien loin de me décourager par la vue de mes misères, je viens à vous avec confiance. Je Vous supplie donc de me guérir, de me pardonner. Je vous offre tous les battements de mon cœur comme autant d'actes d'amour et de réparation.

Agissez en moi sans tenir compte de mes résistances ; demain, avec le secours de votre grâce, je recommencerai une nouvelle vie dont chaque instant sera un acte d'amour et de renoncement.

Amen

Prière pour trouver la sérénité et l'aide spirituelle

Ô sainte Thérèse de l'Enfant-Jésus,
Toi qui as promis de faire pleuvoir une pluie de roses sur la terre, écoute ma prière et intercède pour moi auprès de Dieu.
Avec foi et confiance, je te confie mon intention : (*exprimez ici votre demande*).
Enseigne-moi à suivre ta « petite voie », à vivre chaque jour avec amour, humilité et abandon à la volonté divine.
Aide-moi à surmonter mes doutes et mes inquiétudes, et à trouver la paix et la joie dans l'amour de Dieu.
Sainte Thérèse, envoie-moi un signe de ton amour, et fais-moi sentir la présence de Dieu dans ma vie.
Merci pour ton intercession et ta bonté infinie.

Amen

Prière pour les malades

Seigneur mon Dieu,

Toi qui es le Dieu souverain, le créateur de toutes choses, je te rends grâce et je t'implore.
Seigneur Jésus,
Toi qui es Dieu et sauveur, vrai Dieu et vrai homme,
Je te bénis et je demande ton intervention.
Seigneur Esprit Saint, Toi qui es le défenseur des enfants de Dieu, je t'invoque.
Trinité Sainte, par l'intercession de notre mère du ciel, de saint Raphaël et de tous les saints du ciel,

J'ai besoin des grâces de guérison pour (*nommez la personne*) qui est malade et qui souffre.
Pardonne-lui tous ses péchés en pensée, en action et par omission.
Ne retiens pas ses péchés, pardonnes et oublies, Seigneur, ses fautes.
Seigneur Jésus, tu as connu la souffrance pour que l'homme soit sauvé.
Tu t'es fait homme pour que l'homme communie avec Dieu.
Durant ton séjour terrestre, tu as guéri des malades, tu as ressuscité des morts.

Tu es venu sur terre pour libérer l'homme de la souffrance.
Et tu as donné le pouvoir à tes disciples et à ton Église de guérir et de délivrer en ton nom tous ceux qui sont alités par la maladie.
Au nom de ma foi et de la foi de ton Église une, sainte, catholique et apostolique, uni à l'Église et à ses ministres ordonnés, je demande la guérison en ton nom pour (*nommez la personne*).

Oui Seigneur, je te prie, que cette maladie disparaisse et qu'il se lève de son lit et reprenne ses activités.
Oui Seigneur, (*nommez la personne*) est aussi un fils ou une fille d'Abraham.
Comme jadis, la femme atteinte de perte de sang, comme l'aveugle de Jéricho, comme le paralytique et tous les malades que tu guéris, aujourd'hui encore si tu le veux Seigneur, tu peux guérir (*nommez la personne*).

Que ta volonté se fasse pour lui, Seigneur.
À toi l'honneur, à toi la gloire, pour les siècles des siècles.

AMEN

Prière pour trouver la paix intérieure

Seigneur Jésus, je viens à toi avec mes inquiétudes et mes fardeaux.
Donne-moi cette paix qui surpasse toute compréhension humaine.
Je te confie mes angoisses : (*nommez vos préoccupations*).
Aide-moi à lâcher prise et à m'abandonner totalement à ta volonté.

Sainte Thérèse, toi qui as vécu dans l'humilité et la confiance, guide-moi sur le chemin de la sérénité et de l'amour.
Que je puisse ressentir la présence réconfortante de Dieu dans mon cœur.

Amen

Prière à Sainte Thérèse pour apaiser les angoisses

Ô sainte Thérèse de l'Enfant-Jésus,
Toi qui as connu les doutes, la tristesse et les épreuves, aide-moi à déposer mes angoisses aux pieds du Seigneur.
Apprends-moi à suivre ta « petite voie » d'abandon et de confiance, à croire que Dieu m'aime infiniment et qu'Il veille sur moi.
Intercède pour moi afin que je reçoive la paix intérieure, et que mes peurs se transforment en une foi profonde en l'amour divin.

Sainte Thérèse, envoie-moi un signe de ton amour, et fais descendre sur moi une pluie de roses, symbole de ta présence.

Amen

Prière pour rester fidèle dans les épreuves

Ô douce petite sainte, je me confie à toi avec une confiance totale, certain que tu accueilles avec amour chaque prière et chaque désir du cœur.

Sainte Thérèse, je t'offre mes faiblesses, mes peurs et mes doutes, apprends-moi à les transformer en une offrande d'amour, comme tu l'as fait toi-même.

Toi qui as tant souffert dans les dernières années de ta vie, toi qui as connu les ténèbres de l'âme et l'épreuve de la maladie, accorde-moi la grâce de rester fidèle au Christ dans les moments de souffrance.

Que je puisse, comme toi, offrir mes douleurs pour le salut des âmes et le triomphe de l'amour de Dieu.

Amen

Prière de Sainte Thérèse : « Tout repose en Dieu »

Seigneur tout-puissant et miséricordieux,
Par l'intercession de sainte Thérèse, aide-moi à comprendre,
Que ma vie, mon passé, mon présent et mon avenir reposent entièrement en toi.
Donne-moi la grâce de consacrer chaque instant à ta gloire,
Et d'avoir une confiance totale en ta Providence.

Sainte Thérèse, toi qui as dit : « On obtient de Dieu autant qu'on en espère »,
Inspire-moi à espérer avec foi et abandon.
Guide-moi sur le chemin de l'amour et de l'humilité.

Amen

Prière de Consécration

Ô Face adorable de Jésus ! Puisque Vous avez daigné choisir particulièrement nos âmes pour Vous donner à elles, nous venons Vous les consacrer. Il nous semble, ô Jésus, Vous entendre nous dire : « Ouvrez-moi, mes sœurs, mes épouses bien-aimées, car ma Face est couverte de rosée, et mes cheveux sont humides des gouttes de la nuit. »
Nos âmes comprennent Votre langage d'amour ; nous voulons essuyer Votre doux Visage et Vous consoler de l'oubli des méchants. À leurs yeux, Vous êtes encore « comme caché... ils Vous considèrent comme un objet de mépris ! »

Ô Visage plus beau que les lis et les roses du printemps, Vous n'êtes pas caché à nos yeux ! Les larmes qui voilent Votre divin regard nous apparaissent comme des diamants précieux que nous voulons recueillir, afin d'acheter, avec leur valeur infinie, les âmes de nos frères. De Votre bouche adorée, nous avons entendu la plainte amoureuse. Comprenant que la soif qui Vous consume est une soif d'amour, nous voudrions,

pour Vous désaltérer, posséder un amour infini !
Époux bien-aimé de nos âmes ! Si nous avions l'amour de tous les cœurs, cet amour serait à Vous...
Eh bien, donnez-nous cet amour, et venez Vous désaltérer en Vos petites épouses. Des âmes, Seigneur, il nous faut des âmes ! Surtout des âmes d'apôtres et de martyrs ; afin que, par elles, nous embrasions de Votre amour la multitude des pauvres pécheurs.

Ô Face adorable, nous saurons obtenir de Vous cette grâce ! Oubliant notre exil, sur les bords des fleuves de Babylone, nous chanterons à Vos oreilles les plus douces mélodies. Puisque Vous êtes la vraie, l'unique patrie de nos âmes, nos cantiques ne seront pas chantés sur une terre étrangère.
Ô Face chérie de Jésus ! En attendant le jour éternel, où nous contemplerons Votre gloire infinie, notre unique désir est de charmer Vos yeux divins, en cachant aussi notre visage, afin qu'ici-bas personne ne puisse nous reconnaître...
Votre regard voilé, voilà notre ciel, ô Jésus !

Ainsi soit-il !

La prière de sainte Thérèse de Lisieux à son Ange gardien

Glorieux Gardien de mon âme,
Toi qui brilles dans le beau ciel
Comme une douce et pure flamme
Près du trône de l'Éternel,
Tu descends pour moi sur la terre
Et m'éclairant de ta splendeur,
Bel ange, tu deviens mon frère,
Mon ami, mon consolateur !

Connaissant ma grande faiblesse
Tu me diriges par la main
Et je te vois avec tendresse
Ôter la pierre du chemin.
Toujours ta douce voix m'invite
À ne regarder que les Cieux
Plus tu me vois humble et petite
Et plus ton front est radieux.
Ô toi qui traverses l'espace
Plus promptement que les éclairs

Je t'en supplie, vole à ma place
Auprès de ceux qui me sont chers.
De ton aile sèche leurs larmes
Chante combien Jésus est Bon,
Chante que souffrir a des charmes
Et tout bas, murmure mon nom.

Ainsi soit-il !

Prière du soir
de sainte Thérèse de Lisieux

Dans ton amour, t'exilant sur la terre, divin Jésus, tu t'immolas pour moi. Mon bien-aimé, reçois ma vie entière ; je veux souffrir, je veux mourir pour Toi. Seigneur, tu nous l'as dit toi-même : « L'on ne peut rien faire de plus que de mourir pour ceux qu'on aime. »
Et mon amour suprême, c'est toi, Jésus !

Il se fait tard, déjà le jour décline, reste avec moi, céleste pèlerin. Avec ta croix je gravis la colline ; viens me guider, Seigneur, dans le chemin ! Ta voix trouve écho dans mon âme, je veux te ressembler, Seigneur. La souffrance, je la réclame... Ta parole de flamme, brûle mon cœur ! Avant d'entrer dans l'éternelle gloire, « Il a fallu que l'Homme-Dieu souffrit », c'est par sa croix qu'il gagna la victoire ; ô doux sauveur, ne nous l'as-tu pas dit ?

Pour moi, sur la rive étrangère, quels mépris n'as-tu pas reçus ! Je veux me cacher sur la terre, être en tout la dernière, pour toi, Jésus. Mon bien-aimé, ton exemple m'invite à m'abaisser, à mépriser l'honneur pour te ravir, je veux rester petite ; en m'oubliant, je charmerai ton Cœur. Ma paix est dans la solitude, je ne demande rien de plus. Te plaire est mon unique étude, et ma béatitude : c'est toi, Jésus ! Toi, le grand Dieu que l'univers adore, tu vis en moi, prisonnier nuit et jour, ta douce Voix à toute heure m'implore, tu me redis : « J'ai soif ! J'ai soif d'amour ! »

Je suis aussi ta prisonnière, et je veux redire à mon tour ta tendre et divine prière, mon bien-aimé, mon frère : « J'ai soif d'amour ! J'ai soif d'amour ! Comble mon espérance, augmente en moi, Seigneur, ton divin feu ! J'ai soif d'amour ! Bien grande est ma souffrance. Ah ! Je voudrais voler vers toi, mon Dieu !
Ton amour est mon seul martyre ; plus je le sens brûler en moi, et plus mon âme te désire. Jésus, fais que j'expire d'amour pour toi ! »

AMEN

Prière pour renforcer l'amour dans les relations

Ô Sainte Thérèse de l'Enfant-Jésus,
Toi qui as vécu dans un amour total pour Dieu et pour les autres, apprends-moi à aimer avec un cœur humble et généreux.
Aide-moi à cultiver la patience, la compréhension et le pardon dans mes relations avec ceux qui m'entourent.

Intercède auprès du Seigneur pour que mon amour soit pur, désintéressé et fidèle, à l'image de l'amour du Christ.
Fais descendre sur moi une pluie de roses,
Signe de ta présence et de ton intercession.

Amen

Prière pour une pluie de roses

Ô sainte Thérèse,
Toi qui as promis de faire pleuvoir une pluie de roses sur la Terre,
Je t'implore aujourd'hui avec foi et confiance.
Obtiens pour moi cette faveur particulière : (*exprimez votre demande*).
Aide-moi à vivre chaque jour dans la paix et l'amour divin.
Fais descendre sur moi une pluie de roses célestes en signe d'espoir et d'exaucement.

Merci pour ton intercession puissante et ton amour infini. Je promets de répandre ton nom et ta dévotion autour de moi.

Amen

Prière pour la fidélité dans l'amour

Ô Sainte Thérèse de l'Enfant-Jésus,
Toi qui as offert ta vie en union avec Jésus par amour,
Aide-moi à rester fidèle dans mes engagements, à aimer avec constance même dans les moments d'épreuve.

Inspire-moi à suivre ta « petite voie » d'amour et d'abandon, à voir dans chaque jour une opportunité d'aimer davantage.
Que je sois un témoin vivant de l'amour divin dans ma vie quotidienne.

Sainte Thérèse, veille sur moi et guide mes pas.

Amen

Prière pour vivre l'amour dans les petites choses

Ô sainte Thérèse de l'Enfant-Jésus,
Tu as enseigné au monde que la sainteté se trouve dans les petites choses faites avec amour.
Aide-moi à vivre chaque instant avec un cœur aimant et fidèle.

Apprends-moi à offrir mes joies et mes peines comme un acte d'amour pour Dieu.
Que je sois attentif(ve) aux besoins des autres, et que je sache aimer sans attendre en retour.

Sainte Thérèse, intercède pour moi afin que je grandisse chaque jour dans l'amour véritable.

Amen

Prière pour rester fidèle à ses engagements

Ô sainte Thérèse de l'Enfant-Jésus,
Toi qui as vécu dans une fidélité constante à l'amour de Dieu,
Aide-moi à rester ferme dans mes engagements spirituels.
Apprends-moi à ne pas me décourager face à mes faiblesses, mais à m'appuyer sur l'amour infini du Seigneur.

Intercède pour moi afin que je trouve la force d'accomplir chaque jour les petites choses avec amour et persévérance.
Guide-moi sur le chemin de l'humilité et de la confiance, et fais descendre sur moi une pluie de roses,
Signe de ta présence et de ton intercession.

Amen

Prière pour demander la persévérance spirituelle

Ô sainte Thérèse, toi qui as suivi la « petite voie » avec tant de foi et d'amour,
Aide-moi à rester fidèle à mes résolutions spirituelles.
Obtiens-moi la grâce d'avancer avec confiance, même dans les moments d'épreuve.

Apprends-moi à m'abandonner totalement à la volonté divine, et à voir dans chaque jour une occasion d'aimer davantage.
Que je sois fortifié(e) dans la foi, l'espérance et l'amour, et que je trouve en Dieu ma source inépuisable de force et de paix.

Sainte Thérèse, intercède pour moi auprès du Seigneur.

Amen

Prière du soir de Sainte Thérèse pour renouveler sa fidélité

Ô Dieu caché dans la prison du tabernacle ! C'est avec bonheur que je reviens près de vous chaque soir, afin de vous remercier des grâces que vous m'avez accordées, et d'implorer mon pardon pour les fautes que j'ai commises pendant la journée qui vient de s'écouler comme un songe.

Ô Jésus ! Que je serais heureuse si j'avais été bien fidèle, mais hélas ! Souvent le soir je suis triste, car je sens que j'aurais pu mieux répondre à vos grâces…
Si j'étais plus unie à vous, plus charitable avec mes sœurs, plus humble et plus mortifiée, j'aurais moins de peine à m'entretenir avec vous dans l'oraison.

Cependant, ô mon Dieu ! Bien loin de me décourager par la vue de mes misères, je viens à vous avec confiance, me souvenant que : « Ce ne sont pas ceux qui se portent bien qui ont besoin de médecin, mais les malades. »

Je vous supplie donc de me guérir, de me pardonner, et moi je me souviendrai, Seigneur, Que l'âme à laquelle vous avez remis davantage doit aussi vous aimer plus que les autres !

Je vous offre tous les battements de mon cœur comme autant d'actes d'amour et de réparation, et je les unis à vos mérites infinis.

Je vous supplie, ô mon divin époux, d'être vous-même le réparateur de mon âme, d'agir en moi sans tenir compte de mes résistance, je ne veux plus avoir d'autre volonté que la vôtre.

Demain, avec le secours de votre grâce, je recommencerai une nouvelle vie dont chaque instant sera un acte d'amour et de renoncement.

Après être ainsi venue chaque soir au pied de votre autel, j'arriverai enfin au dernier soir de ma vie ; alors commencera pour moi le jour sans couchant de l'éternité, où je me reposerai sur votre divin cœur des luttes de l'exil !

AMEN

Prière puissante
à sainte Thérèse de Lisieux

Sainte Thérèse de l'Enfant-Jésus,
Je vous invoque au nom de votre amour pour Jésus.
Vous qui aimiez les choses simples,
Donnez-moi de rester bien loin des choses qui brillent,
D'aimer ma petitesse,
Et d'être pauvre d'esprit,
Afin que Jésus vienne me chercher pour me transformer en flammes d'amour.
Que la confiance me mène à l'amour,
Que la paix s'empare de mon cœur,
Et que tout mon être ne désire
Que ce que Jésus désire.
Guidez-moi, ô, chère petite sainte !
Et que, par votre puissante intercession,
Dieu accueille ma prière et daigne l'exaucer :
(*dire ici votre intention*).

AMEN

Prière pour accueillir chaque instant comme un don

Ô sainte Thérèse de l'Enfant-Jésus,
Toi qui as su voir dans chaque moment de la vie un cadeau de Dieu, apprends-moi à accueillir chaque instant comme un don précieux.
Aide-moi à répondre aux appels de la grâce avec générosité, à offrir mes petites actions et mes sacrifices pour le bien des autres.

Guide-moi sur ta « petite Voie », pour que je vive chaque jour avec simplicité, humilité et amour.
Que mon cœur reste ouvert à la présence de Dieu dans les joies comme dans les épreuves.

Sainte Thérèse, intercède pour moi afin que je trouve la paix et la joie dans l'instant présent, reflet de l'amour infini du Seigneur.

Amen

L'Acte d'amour parfait de Sainte Thérèse

Ô mon Sauveur, ce qui m'enflamme d'amour pour Vous, ce n'est pas la promesse que Vous me faites du bonheur du Ciel ; ce n'est point la crainte de l'enfer qui me détourne de Vous offenser.

Ce qui touche mon coeur, ô mon Dieu, c'est de Vous voir suspendu à la Croix et accablé de souffrances ; ce qui m'attendrit, c'est de voir votre Corps sacré tout ensanglanté, c'est de Vous voir dans les angoisses de la mort.

Ce qui me pénètre d'attendrissement, c'est votre Amour, et Il me touche si fort, que, n'y eût-il point de Ciel pour moi, je ne laisserais pas de Vous aimer ; n'y eût-il point d'enfer, je ne laisserais pas de Vous craindre.

Non, ce n'est point l'intérêt qui excite mon amour, car, lors même que je n'espèrerais pas tout le bien que j'espère, je Vous aimerais autant que je Vous aime.

Ainsi soit-il !

Prière pour vivre dans la grâce de l'instant présent

Seigneur Jésus, par l'intercession de sainte Thérèse, aide-moi à vivre pleinement dans le présent. Donne-moi la force d'accomplir chaque tâche avec amour et fidélité, sans inquiétude pour le lendemain ni regret pour hier.

Que je trouve en toi ma sérénité et ma joie, et que chaque instant devienne une offrande d'amour à ton Cœur Sacré.

Sainte Thérèse, guide-moi sur ce chemin d'abandon et de confiance totale en Dieu.

Amen

Prière pour voir les cadeaux simples de la vie

Ô sainte Thérèse de l'Enfant-Jésus,
Toi qui as su trouver la grandeur de Dieu dans les petites choses, aide-moi à ouvrir les yeux sur les bénédictions cachées dans mon quotidien.
Apprends-moi à accueillir chaque instant comme un don précieux, à reconnaître dans les gestes simples et les moments ordinaires la présence aimante de Dieu à mes côtés.

Inspire-moi à vivre avec un cœur reconnaissant, à transformer mes actions en actes d'amour, et à offrir ma vie, même dans ses aspects les plus humbles, pour la gloire du Seigneur et le bien des autres.

Sainte Thérèse, guide-moi sur le chemin de la gratitude et de la simplicité.

Amen

Prière pour reconnaître la main de Dieu dans chaque instant

Ô sainte Thérèse de l'Enfant-Jésus,
Toi qui as su voir dans les petites choses de la vie l'amour infini de Dieu,
Aide-moi à ouvrir les yeux sur les merveilles de sa création et de sa providence.
Apprends-moi à accueillir chaque instant comme un cadeau précieux, à reconnaître dans les joies comme dans les épreuves la main bienveillante du Seigneur.

Guide-moi sur ta « petite Voie » d'amour et d'abandon, pour que je vive avec gratitude et confiance en la volonté divine.
Sainte Thérèse, intercède pour moi afin que je sois rempli(e) de foi et que je trouve la paix dans l'instant présent.

Amen

La Prière d'espérance de Sainte Thérèse de Lisieux

Je suis encore sur la rive étrangère ; mais, pressentant le Bonheur éternel, oh ! Je voudrais déjà quitter la terre et contempler les Merveilles du Ciel ! Lorsque je rêve à l'immortelle Vie, de mon exil je ne sens plus le poids ; bientôt, mon Dieu, vers ma seule Patrie je volerai pour la première fois ! Ah ! Donne-moi, Jésus, de blanches ailes, pour que, vers Toi, je prenne mon essor. Je veux voler aux Rives éternelles, je veux Te voir, ô mon divin Trésor ! Je veux voler dans les bras de Marie, me reposer sur ce Trône de choix, et recevoir de ma Mère chérie, le doux baiser pour la première fois !

Mon Bien-Aimé, de Ton premier Sourire fais-moi bientôt entrevoir la douceur ; ah ! Laisse-moi, dans mon brûlant délire, oui, laisse-moi me cacher en ton Cœur. Heureux instant !
Ô Bonheur ineffable ! Quand j'entendrai le doux son de Ta voix... Quand je verrai, de ta Face adorable l'éclat divin, pour la première fois !

Tu le sais bien, mon unique martyre c'est Ton amour, Cœur sacré de Jésus ! Vers Ton beau ciel, si mon âme soupire, c'est pour T'aimer... T'aimer de plus en plus ! Au ciel, toujours m'enivrant de tendresse, je T'aimerai sans mesure et sans lois. Et mon bonheur me paraîtra sans cesse aussi nouveau que la première fois !

Ainsi soit-il !

Prière d'action de grâce pour tout ce que Dieu accomplit

Seigneur Jésus, par l'intercession de sainte Thérèse, je te rends grâce pour chaque moment où je ressens ta présence, pour les bénédictions visibles et invisibles que tu déposes sur mon chemin.
Aide-moi à voir ta main à l'œuvre dans les petites choses du quotidien, à accueillir avec amour et sérénité tout ce que tu permets dans ma vie.

Sainte Thérèse, toi qui as fait de ta vie une immense action de grâce, inspire-moi à vivre avec un cœur reconnaissant, et à répondre aux appels de la grâce avec générosité et humilité.

Amen

Prière pour la confiance totale en Dieu

Ô sainte Thérèse de l'Enfant-Jésus,
Toi qui as vécu dans une confiance absolue en la miséricorde divine,
Aide-moi à m'abandonner entièrement à la volonté de Dieu.
Apprends-moi à ne pas m'inquiéter du lendemain, mais à vivre chaque jour avec foi et sérénité.

Intercède pour moi afin que je trouve la paix dans l'amour infini du Seigneur, et que je sois fortifié(e) dans mes épreuves par cette confiance inébranlable.
Que je puisse dire comme toi : « C'est la confiance et rien que la confiance qui doit me conduire à l'Amour. »

Merci, sainte Thérèse, pour ton exemple et ton intercession.

Amen

Prière pour s'abandonner à la Providence

Ô Jésus, par l'intercession de sainte Thérèse,
Je viens à toi avec un cœur rempli d'espérance.
Je veux m'abandonner totalement à ta Providence divine, confier mes joies et mes peines entre tes mains aimantes.

Aide-moi à vivre chaque jour avec simplicité et amour, sans chercher à tout comprendre ni tout contrôler.

Sainte Thérèse, guide-moi sur ta « Petite Voie » d'abandon confiant, et apprends-moi à voir dans chaque événement l'œuvre bienveillante du Seigneur.

Amen

Prière pour surmonter les doutes

Ô sainte Thérèse de l'Enfant-Jésus,
Toi qui as connu les ténèbres de l'âme et les épreuves de la foi, je viens à toi avec mes doutes et mes inquiétudes.
Aide-moi à ne pas me laisser submerger par mes incertitudes, mais à m'abandonner totalement à l'amour infini de Dieu.

Apprends-moi à voir au-delà des ombres et des peurs, et à trouver la lumière dans les promesses du Seigneur.
Répands sur moi une pluie de roses, signe de ton intercession, et remplis mon cœur d'une confiance persévérante.

Sainte Thérèse, guide-moi sur ta « petite voie » de simplicité et d'amour, pour que je vive chaque jour dans la paix et la joie de Dieu.

Amen

CHRIS†IC

NEUVAINES

- 1 -

Neuvaine aux Roses

La Neuvaine Miraculeuse ou Neuvaine aux Roses à sainte Thérèse de Lisieux est une prière puissante pour demander une grâce spécifique, souvent accompagnée du signe d'une rose en réponse. La neuvaine dure 9 jours et peut être commencée à tout moment. Cependant, il est courant de la réciter du 9 au 17 de chaque mois ou du 23 septembre au 1er octobre, en préparation de la fête de Sainte-Thérèse.

Origine

En 1925, le Père Putigan, un prêtre jésuite, a initié cette neuvaine en demandant une grâce importante. Il a reçu une rose comme signe de réponse divine le troisième jour. Depuis, cette pratique s'est répandue dans le monde entier et est connue pour ses nombreux témoignages de grâces obtenues.

Faites chaque jour votre prière de neuvaine au même endroit et à la même heure, pour favoriser votre recueillement.

Cette neuvaine est un moyen puissant d'approfondir sa foi et d'expérimenter l'intercession de sainte Thérèse dans nos vies.

Les Soirées Pétales de Roses

Des soirées de prières appelées « Pétales de Rose » sont parfois organisées autour du 1er octobre. Ces moments incluent des prières communautaires et des lettres d'intercession adressées à sainte Thérèse.

Ces soirées ont été initiées en 1992 par la Communauté des Béatitudes pour honorer la promesse de sainte Thérèse : « Après ma mort, je ferai tomber une pluie de roses. »

Elles célèbrent son intercession et son message d'amour et de confiance en Dieu et attirent des fidèles de tous horizons, souvent marqués par des témoignages d'exaucement et une profonde paix intérieure.

Très Sainte Trinité, Père, Fils et Saint Esprit, Je vous remercie pour toutes les faveurs et les grâces dont vous avez enrichi votre servante sainte-Thérèse de l'Enfant-Jésus, pendant les vingt-quatre années passées sur cette Terre. Par les mérites de cette sainte, accordez-moi la grâce qu'ardemment je désire : (*exprimez ici votre demande*), si elle est conforme à votre sainte volonté et pour le bien de mon âme.

Aidez ma foi et mon espérance, ô sainte Thérèse. Réalisez encore une fois votre promesse de passer votre Ciel à faire du bien sur la Terre, en permettant que je reçoive une rose comme signe de la grâce que je désire obtenir.

‣ 24 *Gloire au Père* sont récités en remerciement à Dieu pour les dons accordés à Thérèse au cours des vingt-quatre années de sa vie terrestre.
Cette invocation suit chaque « Gloire » :
Sainte Thérèse de l'Enfant-Jésus, patronne des missions, priez pour nous.

Gloire au Père

Gloire au Père et au Fils
et au Saint-Esprit.
Comme il était au commencement,
maintenant et toujours,
et dans les siècles des siècles.

Amen

- 2 -

Neuvaine Simple

La neuvaine Simple à sainte Thérèse de Lisieux, proposée par le Carmel de Lisieux, est une prière accessible et pleine de profondeur.

Elle invite à méditer sur l'amour, l'humilité, et la confiance en Dieu.

La neuvaine se récite sur 9 jours consécutifs.

Prière quotidienne

Chaque jour, récitez la prière suivante :

Sainte Thérèse, toi qui as dit : « Aimer c'est tout donner et se donner soi-même », aide-moi à apprendre à offrir à Dieu et aux autres ce qu'il y a de meilleur en moi. Aide-moi à aimer sans attendre en retour. Apprends-moi la gratuité de l'Amour à la manière de Dieu. Demande au Seigneur qu'il enlève de mon cœur tout égoïsme, pour que je puisse, comme Jésus, donner sans compter.
Toi, sainte Thérèse, qui t'es faite humble, toute petite...
Toi qui as toujours essayé de mettre de l'amour dans les gestes les plus simples du quotidien...
Toi qui as su t'abandonner à la grâce de Dieu pour être son témoin...
Toi qui es maintenant Docteur de l'Église et Patronne des Missions...
Viens m'apprendre à tourner mon cœur vers Dieu et à ne chercher qu'à accomplir, comme toi, sa sainte volonté.

Père très bon, toi qui as permis à sainte Thérèse par la grâce de Jésus ton Fils, de renoncer à elle-même et de s'abandonner à toi, permets-moi, tout comme elle, de vivre en ta présence et de ressourcer mon cœur dans le tien. Donne-moi, comme Thérèse, de ne désirer d'abord et avant tout que ton Amour.

Sainte Thérèse, toi qui as trouvé grâce auprès de Dieu, intercède auprès de lui : (*formulez ici votre demande*).

Prières supplémentaires

À la fin de chaque jour, récitez un *Notre Père*, un *Je vous salue Marie*, et un *Je crois en Dieu*.

- 3 -

Neuvaine pour les Malades

La Neuvaine pour les Malades à sainte Thérèse de Lisieux est une prière puissante pour demander la guérison physique, spirituelle ou psychologique par son intercession.

Voici les éléments principaux pour la réciter.

Contexte et inspiration

Sainte Thérèse, atteinte de tuberculose, a accepté sa maladie avec foi et abandon total à Dieu. Elle est aujourd'hui invoquée pour les malades, en particulier ceux souffrant de maladies graves ou chroniques.

Cette neuvaine peut être priée individuellement ou en communauté, souvent en présence des reliques de sainte Thérèse.

La neuvaine se récite sur 9 jours consécutifs.

Prière quotidienne

Chaque jour, récitez la prière suivante :

Sainte Thérèse, toi qui as fait de ta maladie une source d'apprentissage spirituel, je te demande d'intercéder pour (*nom du malade*). Que sa maladie renouvelle en lui/elle la grâce de la foi, qu'il/elle tourne vers Jésus son regard et son cœur, et s'abandonne à lui dans une attitude aimante et confiante. Que, par ton intercession, Dieu lui accorde la grâce de la guérison, spirituelle, physique et psychologique.

Amen.

Ajout d'intentions spécifiques

Lors de la récitation d'une neuvaine, notamment à sainte Thérèse de Lisieux, il est possible d'ajouter des intentions spécifiques pour personnaliser la prière et répondre à des besoins particuliers. Voici quelques exemples d'intentions que vous pouvez intégrer :

Pour les malades

Seigneur, par l'intercession de sainte Thérèse, accorde la guérison à (*nom du malade)*, soulage ses souffrances et donne-lui force et courage dans cette épreuve.

Pour les soignants et aidants

Seigneur, donne-leur patience, douceur et persévérance dans leur mission.

Pour une intention personnelle

Vous pouvez formuler une intention spécifique liée à votre situation ou celle d'un proche :
Seigneur, par l'intercession de sainte Thérèse, aide-moi à surmonter cette épreuve (*précisez*) et guide mes pas selon Ta volonté.

- 4 -

Neuvaine pour demander charité, confiance et humilité

Vous pouvez aussi réciter pour cette neuvaine, proposée par la *Fraternité Saint-Pierre de Belgique*. Elle est à débuter un samedi, afin de la terminer le dimanche suivant, jour d'Eucharistie.

Premier jour : présence de Dieu

Sainte Thérèse de l'Enfant Jésus, qui avez vécu sous le regard de Dieu, ravivez en moi le sentiment de la divine présence. Aidez-moi à remplir tous les devoirs de ma journée. Que mon travail, accompli dans l'intention de plaire à Dieu, soit une prière continuelle.

Ave Maria et sainte Thérèse, priez pour moi, et présentez au Seigneur mon humble demande : (*formulez la grâce demandée*).

Deuxième jour : humilité

Sainte Thérèse de l'Enfant-Jésus, faites que j'aime comme vous la vie cachée. En témoignage de la sincérité de ma prière, je veux m'effacer, me faire oublier, je ne dirai rien qui puisse me faire valoir.

Ave Maria et sainte Thérèse, priez pour moi, et présentez au Seigneur mon humble demande : (*formulez la grâce demandée*).

Troisième jour : confiance

Sainte Thérèse de l'Enfant-Jésus, je voudrais m'abandonner filialement à la volonté de Dieu, et me soumets d'avance à tout ce que Dieu décidera. Je veux, à votre exemple, le servir fidèlement. À toute heure, je dirai comme vous : « Ma joie est la volonté sainte de Jésus, mon unique amour ».

Ave Maria et sainte Thérèse, priez pour moi, et présentez au Seigneur mon humble demande : (*formulez la grâce demandée*).

Quatrième jour : charité

Sainte Thérèse de l'Enfant-Jésus, inspirez-moi ce que je dois faire pour prouver à Dieu mon amour : visite d'un pauvre, aumône qui soit vraiment un sacrifice. Je prends aussi la résolution de veiller sur mes paroles afin de ne blesser personne.

Ave Maria et sainte Thérèse, priez pour moi, et présentez au Seigneur mon humble demande : (*formulez la grâce demandée*).

Cinquième jour : devoir d'état

Sainte Thérèse de l'Enfant-Jésus, je veux m'oublier moi-même et ne songer qu'à satisfaire les personnes de mon entourage. Je ferai de mon mieux pour leur rendre la vie agréable, non seulement par un mouvement d'affection naturelle, mais en vue de plaire à Dieu.

Ave Maria et sainte Thérèse, priez pour moi, et présentez au Seigneur mon humble demande : (*formulez la grâce demandée*).

Sixième jour : esprit de pénitence

Sainte Thérèse de l'Enfant-Jésus, dites à Notre Seigneur que, pour l'expiation de mes péchés, je voudrais m'unir à sa douloureuse Passion. Offrez-lui tous les petits sacrifices que je m'imposerai aujourd'hui. Qu'ils soient comme autant de roses que vous effeuillerez à ses pieds.

Ave Maria et sainte Thérèse, priez pour moi, et présentez au Seigneur mon humble demande : (*formulez la grâce demandée*).

Septième jour : zèle

Sainte Thérèse de l'Enfant-Jésus, aujourd'hui encore, je veux prier, travailler, me priver pour la conversion des pécheurs, la consolation des affligés, la délivrance des âmes du Purgatoire. Cet apostolat de la prière et de la souffrance que vous avez exercé vous-même, n'est-il pas un des plus efficaces ?

Ave Maria et sainte Thérèse, priez pour moi, et présentez au Seigneur mon humble demande : (*formulez la grâce demandée*).

Huitième jour : pureté d'âme

Sainte Thérèse de l'Enfant-Jésus, je voudrais passer cette journée sans commettre une seule faute. Comme vous, je ne refuserai rien à Dieu ; je ferai tout ce qu'il me commandera par la voix de ma conscience.

Ave Maria et sainte Thérèse, priez pour moi, et présentez au Seigneur mon humble demande : (*formulez la grâce demandée*).

Neuvième jour : communion

Sainte Thérèse de l'Enfant-Jésus, préparez-moi vous-même à recevoir Notre Seigneur, ou, si je ne le puis, à m'unir à lui en me conformant à sa sainte volonté. Faites que je dise sincèrement et du fond du cœur : « Non ce que je veux, mais ce que vous voulez. » Mon Dieu, si vous daignez m'exaucer, par l'intermédiaire de sainte Thérèse de l'Enfant-Jésus, que ma fidélité à vous servir vous dise ma reconnaissance.

Ave Maria et sainte Thérèse, priez pour moi, et présentez au Seigneur mon humble demande : (*formulez la grâce demandée*).

CHRISTIC

LITANIES

- 1 -

Seigneur, prends pitié,
Ô Christ, prends pitié,
Seigneur, prends pitié,

Sainte Marie, Mère de Dieu, priez pour nous.

Sainte Marie, Reine et Beauté du Carmel, priez pour nous.

Saint Joseph, priez pour nous.

Sainte Thérèse d'Avila, priez pour nous.

Saint Jean de la Croix, priez pour nous.

Sainte Thérèse de l'Enfant-Jésus et de la Sainte-Face, prie pour nous

Sainte Thérèse, Don de Dieu pour le Carmel, prie pour nous.

Sainte Thérèse, Don de Dieu pour l'Église, prie pour nous.

Sainte Thérèse, Patronne des Missions, prie pour nous.

Sainte Thérèse, Patronne secondaire de la France, prie pour nous.

Sainte Thérèse, Docteur de l'Église, prie pour nous.

Sainte Thérèse, Enfant bien-aimée du Père des cieux, prie pour nous.

Sainte Thérèse, passionnée d'amour pour Jésus, prie pour nous.

Sainte Thérèse, qui as tant voulu ressembler à Jésus Enfant, prie pour nous.

Sainte Thérèse, qui as tant voulu ressembler à Jésus souffrant, prie pour nous.

Sainte Thérèse, embrasée d'amour par l'Esprit Saint, prie pour nous.

Sainte Thérèse, sourire de Dieu pour ton prochain, prie pour nous.

Sainte Thérèse, maîtresse de vie spirituelle, prie pour nous.

Sainte Thérèse, dont le regard était sans cesse tourné vers la Patrie des cieux, prie pour nous.

Sainte Thérèse, rose effeuillée sous les pas de Jésus, prie pour nous.

- 2 -

Seigneur, prends pitié. *(bis)*
Ô Christ, prends pitié. *(bis)*
Seigneur, prends pitié. *(bis)*
Sainte Marie, Mère de Dieu,
Sainte Marie, Reine et Beauté du Carmel,
Saint Joseph,
Sainte Thérèse d'Avila,
Saint Jean de la Croix,

Priez pour nous.

Sainte Thérèse de l'Enfant-Jésus et de la Sainte-Face,

Prie pour nous.

Sainte Thérèse, Don de Dieu pour le Carmel,
Sainte Thérèse, Don de Dieu pour l'Église,
Sainte Thérèse, Patronne des Missions,
Sainte Thérèse, Patronne secondaire de la France,
Sainte Thérèse, Docteur de l'Église.

Sainte Thérèse, Enfant bien-aimé du Père des cieux,

Sainte Thérèse, passionnée d'amour pour Jésus,

Sainte Thérèse, qui as tant voulu ressembler à Jésus Enfant,

Sainte Thérèse, qui as tant voulu ressembler à Jésus souffrant,

Sainte Thérèse, embrasée d'amour par l'Esprit Saint,

Sainte Thérèse, guérie par le sourire de Marie.

Sainte Thérèse, qui as ouvert le chemin de la petite voie d'enfance spirituelle,

Sainte Thérèse, qui n'as cherché que la vérité,

Sainte Thérèse, qui « choisis tout » ce que Dieu veut,

Sainte Thérèse, qui as compris et pratiqué l'humilité du cœur,

Sainte Thérèse, qui aimais à être ignorée et comptée pour rien,

Sainte Thérèse, qui n'as jamais recherché ce qui brille aux yeux des hommes,

Sainte Thérèse, qui t'es oubliée pour faire plaisir.

Sainte Thérèse, qui as lutté avec les armes de la prière et du sacrifice,

Sainte Thérèse, qui as voulu aimer comme Jésus lui-même,

Sainte Thérèse, qui as compris et vécu la charité,
Sainte Thérèse, qui as chanté les œuvres du Créateur,
Sainte Thérèse, qui as chanté les miséricordes du Seigneur,
Sainte Thérèse, pauvre, chaste et obéissante,
Sainte Thérèse, cachée dans la Face de Jésus,
Sainte Thérèse, fidèle dans les plus petites choses,
Sainte Thérèse, venue au Carmel pour sauver les âmes et prier pour les prêtres.
Sainte Thérèse, sourire de Dieu pour ton prochain,
Sainte Thérèse, maîtresse de vie spirituelle,
Sainte Thérèse, dont le regard était sans cesse tourné vers la Patrie des cieux.
Sainte Thérèse, rose effeuillée sous les pas de Jésus,
Sainte Thérèse, dont la faiblesse est la force,
Sainte Thérèse, attirée par Jésus seul,
Sainte Thérèse, libre et joyeuse,
Sainte Thérèse, patiente et courageuse,
Sainte Thérèse, simple dans la joie et la souffrance.
Sainte Thérèse, offerte à l'Amour miséricordieux,
Sainte Thérèse, qui t'es tenue devant Dieu les mains vides,

Sainte Thérèse, heureuse de ton impuissance,
Sainte Thérèse, confiante jusqu'à l'audace,
Sainte Thérèse, qui as trouvé dans l'abandon au Père un océan de paix,
Sainte Thérèse, éprouvée dans ta foi,
Sainte Thérèse, qui as espéré contre toute espérance,
Sainte Thérèse, qui n'as rien refusé à Dieu,
Sainte Thérèse, rapidement consumée par l'Amour,
Sainte Thérèse, martyre de l'Amour,
Sainte Thérèse, nourrie de la Parole de Dieu,
Sainte Thérèse, brûlant du désir de l'Eucharistie,
Sainte Thérèse, amour dans le cœur de l'Eglise,
Sainte Thérèse, parole de Dieu pour le monde,
Sainte Thérèse, apôtre de la Miséricorde,
Sainte Thérèse de Lisieux et du monde,
Sainte Thérèse, dont tous les désirs sont comblés par Dieu,Sainte Thérèse, dévorée de zèle pour le salut des âmes,
Sainte Thérèse, sœur et amie des prêtres,
Sainte Thérèse, soutien de tes frères missionnaires,
Sainte Thérèse, mère d'une multitude,
Sainte Thérèse, sœur universelle,
Sainte Thérèse, assise à la table des pécheurs,

Sainte Thérèse, qui as fait d'un condamné ton premier enfant,
Sainte Thérèse, proche des prisonniers,
Sainte Thérèse, sœur des blessés de la vie,
Sainte Thérèse, solidaire des incroyants,
Sainte Thérèse, proche de ceux qui sont tentés et qui doutent,
Sainte Thérèse, proche de ceux qui désespèrent,
Sainte Thérèse, présence de pardon et de paix,
Sainte Thérèse, témoin du Dieu Père et Miséricorde,
Sainte Thérèse, témoin du Christ Serviteur et Sauveur,
Sainte Thérèse, témoin de l'Esprit d'Amour et de Sainteté,
Sainte Thérèse, qui as donné ta vie pour la gloire de Dieu et le salut du monde,

Prie pour nous.

Dieu qui ouvres ton Royaume aux petits et aux humbles, donne-nous de suivre sainte Thérèse de l'Enfant Jésus sur le chemin de la confiance et d'obtenir, à sa prière, la révélation de ta gloire, par Jésus Christ.

CHRISTIC

CHAPELET
À SAINTE THÉRÈSE DE LISIEUX

Le chapelet de sainte Thérèse de Lisieux est une prière particulière qui se distingue du chapelet traditionnel. Il est composé de 24 grains, représentant les 24 années de la vie de sainte Thérèse, et d'un grain supplémentaire séparé par une médaille à son effigie.

Voici comment le réciter :

Commencez par le signe de croix.

• Sur la médaille de sainte Thérèse, récitez cette invocation :

« Sainte Thérèse de l'Enfant-Jésus et de la Sainte-Face, souvenez-vous de votre promesse de faire du bien sur la terre, répandez avec abondance votre pluie de roses sur ceux qui vous invoquent, et obtenez-nous de Dieu les grâces que nous attendons de sa bonté infinie. Amen. »

• Sur chacun des 24 grains, récitez un *Gloire au Père* en mémoire des 24 années de sa vie.

• Sur le dernier grain, formulez une intention personnelle[1] ou une demande particulière en vous confiant à l'intercession de sainte Thérèse.

Terminez par une prière finale :

« Sainte Thérèse de l'Enfant-Jésus et de la Sainte-Face, obtenez-nous l'esprit d'enfance et apprenez-nous à tout faire avec amour. Amen. »

Conseils pour la prière

Ce chapelet peut être récité pour demander des grâces spécifiques ou pour approfondir sa spiritualité en suivant la « petite voie » enseignée par sainte Thérèse, qui met l'accent sur l'humilité, la confiance en Dieu et l'amour dans les petites choses quotidiennes.

1. Intentions personnelles

Intégrer des intentions personnelles dans le chapelet de sainte Thérèse de Lisieux est une pratique courante et enrichissante pour donner un sens particulier à cette prière. Voici quelques suggestions pour inclure vos intentions tout au long de la récitation.

AVANT DE COMMENCER

Prenez un moment de silence pour réfléchir à vos intentions personnelles : cela peut être une demande spécifique (*guérison, paix, guidance*), une prière pour quelqu'un d'autre, ou simplement un désir de grandir dans la foi.

Confiez vos intentions à sainte Thérèse en les formulant mentalement ou à voix haute avant de commencer le chapelet.

PENDANT LA RÉCITATION

Sur chaque grain : Vous pouvez associer une intention particulière à chaque *Gloire au Père.*
Par exemple :
Premier grain : prier pour votre famille.
Deuxième grain : demander la force dans une épreuve.
Troisième grain : prier pour une personne malade.
Continuez ainsi en attribuant une intention à chaque grain ou en répétant la même intention tout au long du chapelet.

Sur le dernier grain (24ᵉ) : Formulez une intention principale ou résumez toutes vos demandes en une prière plus générale, comme :

« Sainte Thérèse, je vous confie toutes ces intentions et vous demande d'intercéder auprès de Dieu pour qu'Il m'accorde ces grâces selon Sa volonté. »

Après le chapelet

Remerciez sainte Thérèse et Dieu pour leur écoute, même si les fruits de votre prière ne sont pas immédiatement visibles.

Vous pouvez conclure par une prière personnelle spontanée ou par la méditation sur l'amour et la confiance, qui sont au cœur de la spiritualité de sainte Thérèse.

Citations et méditations

Voici une sélection de citations et méditations inspirantes de sainte Thérèse de Lisieux, également connue sous le nom de « la petite Thérèse » ou « la petite fleur », qui reflètent sa spiritualité profonde et sa simplicité.

Sur l'amour et les petites choses

« Ce n'est pas la grandeur des actions, ni même leur difficulté, mais l'amour avec lequel on les accomplit qui importe. »

« Ne manquez aucune occasion de faire un petit sacrifice : ici par un sourire, là par une parole aimable ; faites toujours le plus petit bien avec amour. »

« L'amour se prouve par des actes. Comment puis-je montrer mon amour ? Les grandes actions me sont interdites. La seule manière est de semer des fleurs, c'est-à-dire de multiplier les petits sacrifices. »

Sur la confiance en Dieu

« Nous ne pouvons jamais avoir trop de confiance dans le bon Dieu... Comme nous espérons en Lui, ainsi recevrons-nous. »

« Tout est grâce, tout est le fruit direct de l'amour de notre Père : les difficultés, les contradictions, les humiliations... tout est une grâce. »

« La sainteté consiste simplement à faire la volonté de Dieu et à être ce qu'Il veut que nous soyons. »

Sur la prière

« Pour moi, la prière est un élan du cœur, un simple regard jeté vers le ciel, un cri de reconnaissance et d'amour au sein de l'épreuve comme au sein de la joie. »

« Ne nous lassons pas de prier. La confiance fait des miracles. »

Sur l'union intime avec le Christ

« Ô Face adorable de Jésus, seule Beauté qui ravit mon cœur ! »

Sur l'humilité et l'unicité

« Si toutes les petites fleurs voulaient être des roses, la nature perdrait sa beauté printanière. »

« J'ai compris que chaque fleur créée par Lui est belle... Et ainsi en est-il dans le jardin des âmes où chacune a sa mission propre. »

Sur la souffrance et la mission céleste

« C'est vrai, je souffre beaucoup... mais est-ce que je souffre bien ? Voilà la question. »

« Je reviendrai sur la terre pour faire aimer l'Amour. »

« Quand je mourrai, je ferai tomber une pluie de roses du ciel ; je passerai mon ciel à faire du bien sur la terre. »

EN COMPLÉMENT

Basilique Sainte-Thérèse de Lisieux

Les sanctuaires

Les sanctuaires dédiés à sainte Thérèse se trouvent principalement à Lisieux, en Normandie, une ville qui constitue le deuxième lieu de pèlerinage en France après Lourdes.

Basilique Sainte-Thérèse de Lisieux

Cette basilique monumentale, de style romano-byzantin, est l'un des plus grands édifices religieux du XXe siècle. Elle abrite les reliques de sainte Thérèse dans le transept sud ainsi que celles de ses parents, les saints Louis et Zélie Martin, dans la crypte. La basilique est ornée de mosaïques et vitraux illustrant le message spirituel de Thérèse.

Carmel de Lisieux

C'est ici que sainte Thérèse a vécu comme religieuse jusqu'à sa mort à 24 ans. La chapelle du Carmel contient la châsse de la sainte et est un lieu de recueillement pour les pèlerins.

Un musée adjacent permet d'explorer sa vie et son message spirituel.

Maison des Buissonnets

Cette maison est l'ancienne résidence familiale où Thérèse a vécu son enfance après la mort de sa mère. Elle y a passé onze années avant d'entrer au Carmel. Le lieu conserve des objets personnels et retrace son quotidien.

Cathédrale Saint-Pierre de Lisieux

Cette cathédrale gothique était l'église paroissiale de sainte Thérèse et de sa famille. C'est là qu'elle a eu la révélation de sa vocation religieuse.

Sanctuaire Louis et Zélie Martin à Alençon

Situé dans la ville natale des parents de sainte Thérèse, ce sanctuaire honore également la sainte et sa famille. Il comprend la maison où Thérèse est née et un espace dédié à la spiritualité familiale.

À L'INTERNATIONAL

Sanctuaire Sainte-Thérèse au Canada

La cathédrale de Montréal et le Sanctuaire diocésain Sainte-Thérèse accueillent des pèlerins lors des visites des reliques, soulignant l'importance de la sainte dans ce pays.

Sanctuaires aux États-Unis

Des lieux comme Royal Oak (Michigan) ou Miami (Floride) célèbrent sainte Thérèse, notamment lors des visites de ses reliques.

Sanctuaires en Amérique latine

Plusieurs églises en Argentine, au Brésil, et au Chili possèdent des autels dédiés à sainte Thérèse, souvent ornés d'ex-voto en son honneur.

Sanctuaire au Liban

Une chapelle dédiée à sainte Thérèse a été inaugurée dans la basilique de Lisieux par le Patriarche maronite, reflétant l'attachement du Liban à la sainte.

Autres lieux dans le monde

Des sanctuaires ou autels dédiés se trouvent également en Allemagne, en Pologne, au Bénin, et dans d'autres pays d'Afrique et d'Europe.

Ces lieux manifestent l'impact spirituel et culturel de sainte Thérèse, reconnue comme une figure universelle par l'Église catholique et bien au-delà.

Notre Père

Notre Père, qui es aux cieux,
que Ton Nom soit sanctifié,
que ton Règne vienne,
que Ta volonté soit faite sur la terre
comme au ciel.
Donne-nous aujourd'hui notre pain quotidien, pardonne-nous nos offenses comme nous pardonnons aussi à ceux qui nous ont offensés, et ne nous laisse pas entrer en tentation, mais délivre-nous du mal.

Amen.

Je vous salue Marie

Je vous salue Marie,
pleine de grâces,
le Seigneur est avec Vous ;
Vous êtes bénie entre toutes les femmes,
et Jésus, le fruit de vos entrailles, est béni.
Sainte Marie, Mère de Dieu,
priez pour nous, pauvres pécheurs,
maintenant et à l'heure de notre mort.

Amen.

Je crois en Dieu

Je crois en Dieu,
le Père tout-puissant,
Créateur du ciel et de la terre
et en Jésus-Christ
Son Fils unique,
Notre Seigneur ;
qui a été conçu du Saint-Esprit,
est né de la Vierge Marie ;
a souffert sous Ponce Pilate,
a été crucifié, est mort,
et a été enseveli ;
est descendu aux enfers
le troisième jour est ressuscité des morts ;
est monté aux cieux,
est assis à la droite de Dieu
le Père tout-puissant ;
d'où Il viendra juger
les vivants et les morts.
Je crois au Saint-Esprit,
à la sainte Église Catholique,
à la communion des Saints,
à la rémission des péchés,
à la résurrection de la chair,
à la vie éternelle.

Amen.

Gloire au Père

Gloire au Père et au Fils
et au Saint-Esprit.
Comme il était au commencement,
maintenant et toujours,
et dans les siècles des siècles.

Amen.

Table des matières

Biographie de sainte Thérèse de Lisieux 5
Prières 15
Neuvaines 1 57
Neuvaines 2 61
Neuvaines 3 65
Neuvaines 4 69
Litanies 1 75
Litanies 2 79
Chapelet à sainte Thérèse 85
Citations et méditations 89
En complément 93
  Les sanctuaires 95
  Notre Père, Je vous salue Marie 99

CHRISTIC